OBSERVATIONS

SUR LES

FORTIFICATIONS DE PARIS,

PAR

AD. FÉLINE.

L'indépendance de l'Europe n'a que deux positions, deux boulevarts qui puissent la protéger, Constantinople et Paris.

Et cependant trois grandes puissances travaillent à l'affaiblissement de la Turquie. La France elle-même, isolée et justement préoccupée par les insultes de l'Angleterre, ne peut rien pour son ancien allié. S'il faut désespérer des Dardanelles, tâchons du moins que les millions qui vont être employés pour fortifier Paris lui donnent toute la force dont cette ville est susceptible.

Ces fortifications sont d'autant plus nécessaires que la garde nationale mobile, qui pourrait rendre de si grands services, se trouve tellement paralysée par les dispositions vicieuses de la loi, qu'il serait inutile, difficile, dangereux peut-être, de la lever : en sorte que l'on ne peut compter comme réserve que sur la garde nationale sédentaire.

Je ne pense pas qu'il existe de population plus courageuse, plus aventureuse même que celle de Paris. Je suis convaincu

1841

que, bien organisée, elle s'illustrerait par une sublime défense, comme l'ont fait d'ailleurs la plupart des grandes villes; mais, par cela même qu'elle est éminemment sympathique, et parce que ses gardes nationaux ne sont pas disciplinés, ils pourraient combattre un jour en héros, et se laisser aller le lendemain à une panique soudaine. Il est indispensable de donner à cette milice un refuge assuré derrière un rempart qui permette de l'organiser, de l'aguerrir, et de ne la faire combattre que les jours où elle sera bien disposée. Je ne saurais donc trop applaudir à la détermination qui va assurer la défense de Paris : cette idée de Vauban, de Napoléon et de tous les vrais amis du pays, doit lui donner une force immense. Si un jour Paris est joint à Lyon par un chemin de fer à l'abri des incursions de l'ennemi, cette réunion des deux principales villes de France équivaudra, en cas d'invasion, à plus de cent mille hommes. Mais voyons si les projets qui vont être exécutés sont les plus propres à assurer notre sécurité.

Il y a eu trois projets : 1° celui d'une ceinture de forts détachés, pour lequel le ministre de la guerre vient de rappeler sa prédilection ; 2° l'enceinte continue ; 3° enfin celui qui semble maintenant prévaloir, et qui consiste à construire à la fois et l'enceinte et les forts.

Pour traiter la question des fortifications de Paris, et examiner ces trois systèmes, il est bien moins nécessaire de connaître à fond l'une des spécialités de l'art militaire que d'avoir des idées générales sur les différentes parties qui le constituent. La plupart de nos généraux n'ont jamais vu de siége et n'ont jamais étudié l'art des fortifications. Beaucoup de nos officiers du génie, au contraire, se préoccupent trop peu des questions stratégiques, qui sont ici dominantes; habitués à travailler sur des places ordinaires, ils ne comprennent pas toujours assez combien Paris en diffère, ou ils dédaignent d'en instruire le public et les Chambres : c'est pourtant un devoir de chercher à éclairer le public, qui s'intéresse vive-

-ment à cette question, et doit avoir une grande influence sur la résolution qui sera adoptée par les députés.

Il est un point qui me semble ignoré, et qui est pourtant capital, c'est l'extrême force de l'enceinte continue : cette force, elle la puise tout simplement dans son étendue, qui, ne présentant aucun angle saillant, ne donne aucune prise à l'ennemi. Frappé de cette idée, j'ai relu Vauban, ce grand preneur de villes, qui n'en connaissait pas d'indomptable ; j'ai cherché dans ses traités *De l'attaque et de la défense des places* comment il eût attaqué Paris : j'ai vu que Vauban recommande d'abord de circonscrire le point que l'on veut attaquer, ce qui est impossible à Paris. Il arrivera ce qui ne s'est présenté dans aucun siége, c'est que le front de la défense et celui de l'attaque seront parallèles. Paris aura ses batteries, ses parapets établis, lorsque l'assiégeant devra construire les siens sous le feu ; Paris aura ses communications à l'abri, l'assiégeant devra creuser des tranchés et y cheminer sous les boulets.

Ici se présente une première difficulté. Comment défiler ces tranchées devant une ligne relativement droite, qui s'étend au delà de la portée du canon? Sera-ce par des crochets en retour? Mais ils ne garantiront pas du ricochet, dont les assiégés n'ont guère fait usage jusqu'à ce jour, mais dont Paris pourrait largement user. Sera-ce à la sape debout? Mais elle n'est praticable que pour un très petit espace, et lorsque l'assiégeant a éteint le feu des batteries de l'assiégé. Il peut bien alors, à force de mantelets, de gabions farcis, se garantir de la mousqueterie ; mais cette manière de cheminer est inexécutable devant une place armée de mille pièces de position, qui enverra plus de boulets sur la tranchée qu'une autre n'y envoie de balles ; et la sape droite donne encore prise au ricochet. Voilà donc une première difficulté qui est immense, c'est que l'ennemi ne pourra faire ses approches. Supposons cependant qu'à force de temps et de sacrifices il en vienne à bout. Il lui faudra alors établir ses batteries. Or Vauban n'en connaît que deux sortes : les batteries à ricochet, qui éteignent le feu de l'assiégé et ruinent ses défenses ; et les batteries de brèche sur le bord du fossé. Je demande à quiconque a une idée du tracé de l'enceinte de Paris comment l'ennemi pourra établir des batteries à ricochet sur le prolongement de nos fronts ? Quant aux courtines, c'est impossible, puisqu'elles sont sur la même ligne ; et quant aux bastions, leurs faces forment des angles si peu saillants, que leur prolongement à 600 mètres ne serait pas à 100 mètres d'un autre bastion. Celui-ci écraserait donc la batterie, ne serait-ce que par ses feux paraboliques. Ainsi les feux à ricochet seront complétement interdits à l'assiégeant. Pour la batterie de brèche, l'on n'y peut songer que lorsque l'on a éteint le feu de l'assiégé, rompu les palissades du chemin couvert, et que l'on s'y est logé. Or tout cela ne se fait que sous la protection des batteries à ricochet. Il en est de même du passage du fossé et de toutes les opérations qui supposent que les feux de l'assiégé sont éteints ou dominés. Je ne crains donc pas de dire qu'il faudra, pour attaquer notre enceinte, inventer des moyens nouveaux : car, pour les feux directs, il n'y faudra pas songer devant nos mille pièces.

Il restera sans doute les mines, la guerre souterraine. Mais que peut-elle sans l'artillerie ? Cette guerre, où l'assiégeant perd tous ses avantages lorsque la place est bien défendue, ne peut tout au plus le mener qu'à faire des brèches à la place. Mais à quoi lui serviront-elles, puisqu'il ne peut les atteindre qu'en marchant à découvert sous le feu de nos batteries, et que, pouvant occuper le sommet de ces brèches sans craindre les boulets ennemis, il nous sera bien facile de le repousser? Nous pourrions d'ailleurs indiquer des moyens de rendre ces mines impossibles.

Je demande à tous les officiers du génie ce que deviendront leurs moyens d'attaque lorsqu'à l'inverse de ce qui se

passe habituellement, les feux de l'assiégé domineront et é-
teindront ceux de l'assiégeant.

Quand nous supposerions encore que l'ennemi est maître
de la brèche, serait-il pour cela maître de Paris ? Non, si la
place est bien défendue : car on doit, lorsque le point d'attaque est connu, élever des retranchements nouveaux en
arrière de la portion d'enceinte menacée, afin d'opposer toujours de nouveaux obstacles, et de ne se rendre que lorsqu'il
ne reste plus d'espace. Rien ne serait plus facile à Paris, où
les bras ni l'espace ne manqueraient. En huit jours, l'on aurait élevé un nouveau rempart en arrière du rempart attaqué.

Joignons à cette puissance que l'enceinte présente par son
étendue les immenses ressources que l'industrie assure dans
Paris ; la facilité d'inonder la tranchée avec des pompes, de
remplir d'eau les fossés, puis de les vider alternativement ;
d'entretenir des bûchers sur les brèches, et tant d'autres
moyens que l'on ne manquerait pas d'inventer. Pour moi, je
crois que Paris, comme Troie, peut résister sept ans, et
n'être pris que par surprise.

Une fois ce point entendu, s'il est bien reconnu que Paris
ne devra pas se rendre lorsqu'il verra un équipage de siége
devant ses murs, le choix entre l'enceinte continue et la ligne de forts sera bientôt fait.

Je conçois cependant l'un et l'autre systèmes. Des généraux
habitués à livrer bataille bien plus qu'à assiéger ou défendre
des villes ont dû être séduits par le beau champ qu'ils pouvaient préparer sous Paris. On conçoit parfaitement ce noble
désir de tenir la campagne, cette préférence pour le système
qui permet le mieux les retours offensifs ; mais les avantages
d'une enceinte imprenable sont si grands, qu'elle me semble
incomparablement préférable. Le système de forts préparait
sans doute un beau terrain ; mais l'enceinte vaut bien mieux,
puisqu'elle nous dispense de livrer bataille et laisse notre armée disponible. Cette bataille nous ne serions pas sûrs de la

gagner : car l'ennemi, plus maître que nous de ses mouvements, ne la livrerait pas sans quelques chances favorables ; il ferait ce que nous avons fait devant Torrès-Vedras, et cette retraite nous eût été bien plus funeste si , Lisbonne ayant une enceinte régulière, Wellington eût pu porter son armée sur notre flanc. Disons qu'alors nous n'eussions pas marché sur Lisbonne, et que la moitié du Portugal n'eût pas souffert d'effroyables dommages. C'est ainsi que l'enceinte de Paris garantirait nos provinces d'une invasion.

Ce que je ne puis concevoir ni admettre, c'est l'alliance des deux systèmes. Où a-t-on jamais vu une bonne place forte s'entourer de petits forts situés de deux à six mille mètres, de manière qu'elle ne puisse rien pour leur défense ! On veut onze forts autour de Paris ; ces forts seront petits et partant très faibles. Il leur faudra pourtant deux mille hommes de garnison et de très bons officiers. Voilà vingt-deux mille hommes de perdus pour la place. L'ennemi, qui ne serait pas venu pour prendre Paris, viendra pour prendre les forts. En douze jours ceux du front, attaqués, seront en sa possession. L'ennemi prendra nos garnisons, tournera les canons contre nous ; il profitera surtout de l'effet moral produit sur les Parisiens, qui ne comprendront peut-être pas comment ni pourquoi l'enceinte résisterait mieux que les forts.

Si Paris persiste néanmoins à se défendre, l'ennemi, en occupant sur un front quatre ou cinq forts, pourra établir un camp retranché, bloquera la ville de ce côté avec cinquante mille hommes, et sera libre de se porter ailleurs. Le général Rémont, qui sent ce danger, demande qu'on les laisse ouverts à la gorge ; mais cette gorge sera-t-elle protégée par la place, située à 2,000 mètres au moins ? Le plus grand nombre de ces forts ne seront nullement vus de l'enceinte, et s'ils sont ouverts à la gorge, c'est par là que l'ennemi y entrera. La lunette Saint-Laurent n'était pas à 200 mètres de la citadelle d'Anvers ; elle y était jointe par une caponière ; sa gorge était garnie d'une forte palissade et de trous de loup; pourtant nous y sommes entrés par la gorge en même temps que par la brèche. Pour moi, si l'on tient à élever ces forts, je demande qu'ils soient bien minés : car je soutiens qu'un général habile les fera évacuer et sauter à l'approche de l'ennemi.

Que l'on ne croie pas que des considérations de politique intérieure aient la moindre influence sur mon opinion à l'égard des forts détachés; je n'ai jamais partagé les craintes qu'ils inspiraient aux amis de la liberté; et, si je les avais conçues, je les aurais fait taire lorsqu'il s'agissait de prémunir notre indépendance contre l'étranger. Si ces craintes réciproques des partis contraires devaient l'emporter sur les questions de nationalité, il nous faudrait enclouer nos canons, briser nos fusils et noyer nos poudres : car l'anarchie ou la tyrannie peuvent les tourner contre la patrie.

Quels motifs fait-on valoir en faveur de ces forts? Ils retarderont, dit-on, l'attaque de Paris. Je le nie. Avant d'ouvrir la tranchée devant une place importante, on fait de grands approvisionnements en fascines, gabions et bois; on fait surtout arriver de nombreux équipages de siége; on établit ses camps et ses moyens de communication; on élève des lignes de contrevallation, ou au moins quelques redoutes pour se couvrir contre les sorties; tout cela devant Paris ne serait pas fait en quinze jours. Mais pour ces petits forts l'on n'y ferait pas tant de façons; l'ennemi les entourerait d'ouvrages, il les couvrirait de feux, ne serait-ce qu'avec sa nombreuse artillerie de campagne et les vingt-cinq premières pièces de siége. Les forts seraient donc pris avant que l'ennemi ne fût en mesure d'ouvrir la tranchée contre l'enceinte. Puis, comme j'ai confiance dans l'enceinte et les Parisiens, je ne demande ni délai ni répit et ne crains qu'une chose en cas de guerre, c'est que l'ennemi ne se garde de venir s'y briser.

Dira-t-on qu'il faut un camp retranché sous Paris? Mais

dans quel but ? Sans enceinte, il fallait que ce camp couvrît la ville, et pour cela il fallait le préparer au moyen de forts, comme on l'a fait en 1831 sur les hauteurs de Pantin et Rosny; mais avec l'enceinte c'est inutile. Un camp peut être encore bon pour y mettre des troupes que l'on peut ne pas vouloir laisser entrer en ville, et pour servir de refuge aux habitants de la campagne et leurs troupeaux. Mais ce camp est parfaitement indiqué entre le canal Saint-Denis, la Seine et l'enceinte. Les troupes seraient placées derrière le canal; les paysans du côté du bois de Boulogne, d'où ils pourraient évacuer par les routes de Saint-Germain et Versailles.

Il est enfin un autre motif qui fait appuyer sur ce double système, c'est le désir d'avoir des emplacements pour mettre le matériel de défense et les poudres, qui sont si imprudemment laissés à Vincennes; mais le matériel n'est pas une chose pressée, et sa véritable place doit être dans des ouvrages extérieurs tenant à l'enceinte, tels que demi-lunes et ouvrages à corne, qui augmenteront encore sa force. Ils pourraient être séparés par un fossé revêtu et fermés à la gorge par une palissade ou un mur crénelé. Ces ouvrages mettraient parfaitement le matériel à l'abri d'une tentative sans menacer la ville. Vingt-deux demi-lunes ne coûteraient pas moitié autant que onze forts.

Une autre considération puissante doit faire repousser les forts, c'est la question des servitudes. Je pense que les 250 mètres proposés sont insuffisants; une servitude si restreinte nous ferait perdre un de nos plus précieux avantages, la supériorité de notre artillerie. C'est à 1,000 mètres que toutes les pièces d'un front pourront converger sur les ouvrages de l'ennemi et les écraser. Plus il approchera, plus il échappera au feu des extrémités. La servitude doit être encore plus étendue autour des forts. De quoi serviront-ils s'ils ne peuvent croiser leurs feux et découvrir en avant et en arrière toute la zone qu'ils tracent autour de Paris ? Le double système d'enceinte et de forts exige donc une servitude triple de celle de l'enceinte.

Nous concevons tous les embarras de la commission pour donner à l'enceinte une servitude raisonnable, en conciliant les intérêts de l'état et ceux des propriétaires de la banlieue ; nous savons que ceux-ci auront toujours à souffrir, et dans leur intérêt nous demandons encore la suppression des forts.

Lorsque le double projet d'enceinte et de forts a été présenté, nous l'avions considéré comme une concession faite à l'amour-propre des partisans du système des forts ; nous pensions que l'on procéderait à l'enceinte, puis que, la trouvant suffisante, les forts seraient ajournés indéfiniment. Comment peut-on vouloir les construire simultanément avec un ouvrage aussi immense que l'enceinte, lorsque leur utilité est plus que douteuse !

Si l'ennemi ne peut prendre Paris par les moyens ordinaires, il tentera sûrement de faire ce qui était pratiqué avant que l'invention de la poudre ne soit venue donner la supériorité aux assiégeants : il voudra occuper des positions qui lui permettent de gêner les communications de la ville, et surtout les arrivages des rivières. L'importance de Saint-Denis est bien comprise, et il est entendu que l'on donnera à cette place toute la force dont elle est susceptible ; mais Charenton est plus important encore ; Charenton domine deux rivières, il domine les routes de Melun et de Brie. Si l'ennemi occupait cette position avec des têtes de pont au delà de la Seine en y laissant trente mille hommes, il nous ferait un très grand mal.

Le système proposé pour Charenton me semble tout à fait vicieux. On a parlé d'y faire un fort ; mais autant la position de Saint-Denis est facile à fortifier, autant celle de Charenton est difficile. Il est très essentiel d'être maître des routes entre Seine et Marne ; et, comme cet espace est dominé par le coteau de Charenton, il faut occuper ce coteau au delà de la portée du canon, ainsi qu'une vaste tête de pont sur la rive gauche de la Seine. Il faudrait donc trois forts ou une place immense à cheval sur les deux rivières, exigeant plus de dix mille hommes de garnison, et qui n'en sera pas moins prise après un mois ou six semaines de tranchée ouverte, comme toute autre place.

L'avantage de cette position consiste à pouvoir en faire déboucher en une nuit une armée de quarante à cinquante mille hommes qui déroberait une marche à l'ennemi, et se porterait sur ses derrières pour couper ses communications. Comment cette armée pourrait-elle gagner une marche s'il lui faut sortir de l'enceinte à Bercy devant les avant-postes ennemis, entrer dans le fort de Charenton, passer les ponts et ressortir du fort de l'autre côté? Le mouvement serait impraticable par sa lenteur, et pourtant c'est un des plus naturels de ceux qu'indique la stratégie.

Ce n'est pas un fort, ni deux, ni trois, ni une grande place qu'il faut faire à Charenton : car l'ennemi s'en emparerait, et s'en servirait contre nous. C'est notre formidable enceinte elle-même qu'il faut y faire passer. Qu'on la trace dans la presqu'île en avant des deux ponts. Qu'elle se prolonge sur la droite de la Marne, mille mètres au dessus de son embouchure, afin de bien occuper le côteau, et de battre les routes de Brie et Melun. Sur la rive gauche de la Seine, elle reprendrait au port à l'Anglais.

Une autre position qui a également une grande importance, c'est celle de Pantin. Si l'enceinte occupait le contrefort qui s'avance presque sur la route de Meaux et le canal, elle faciliterait les sorties par cette route, elle battrait toute la plaine au delà du canal, et pourrait s'opposer aux tentatives de l'ennemi sur les ouvrages de la tête de Flandre, qui sont la partie faible du tracé projeté. Cette partie de la ligne serait au contraire fortement flanquée, protégée et dominée par le canon en arrière de Pantin. L'enceinte longerait ensuite la rive gauche du canal jusqu'à la tête de Flandre; elle couvrirait ainsi le village de Pantin au lieu de le soumettre à la servitude militaire. Enfin il est véritablement dommage de laisser en prise un arsenal comme Vincennes.

Le tracé actuel n'empêcherait pas l'ennemi de s'en emparer, ainsi que de Charenton et de Pantin, d'élever des ouvrages redoutables sur ces trois positions, de dominer ainsi ce côté de la ville, et de menacer la rive gauche de la Seine et la rive droite du canal par des têtes de pont. En portant le tracé de l'enceinte à deux mille mètres en avant, de manière à occuper ces trois points, on allonge le tracé de deux mille mètres tout au plus, ce qui est peu de chose sur environ 35 mille. Mais l'enceinte occuperait des positions bien plus fortes et bien précieuses pour les retours offensifs; mais l'on économiserait les immenses ouvrages de Charenton, qui coûteront bien plus que deux mille mètres d'enceinte. Mais l'on ferait encore des économies sur l'achat des terrains et des bâtiments, qui seront d'autant plus chers et plus nombreux, que l'on sera plus rapproché de Paris. Enfin la zone de servitude sera également moins onéreuse et moins incommode, puisqu'elle s'étendra en grande partie sur le bois de Vincennes, sur la Marne et le canal.

En portant l'enceinte plus loin, on met encore mieux Paris et ses faubourgs à l'abri du bombardement de l'ennemi, ce qui fut l'une des attentions de Vauban. Suivre son tracé, aujourd'hui que Paris a triplé de population et d'étendue, c'est méconnaître l'esprit qui l'avait inspiré.

Enfin ce n'est pas seulement pour le Paris actuel que l'on élève ces ouvrages, c'est pour Paris tel qu'il sera dans cinquante et cent ans. La population de la ville augmente de vingt mille âmes par an. Les communes de la banlieue voient également tous les jours augmenter leur population et leur prospérité. Ne faut-il pas leur laisser de l'espace pour s'étendre?

Si, après avoir achevé l'enceinte de Paris, on veut compléter son système de défense, il faut construire non pas des forts à quelques mille mètres, mais trois places à douze ou quinze lieues. Je crois devoir reproduire ici ce que j'écrivais en 1830, en répondant au colonel du génie Delaage (1).

» Quant aux places fortes situées à quelque distance de Paris, ayant eu depuis long-temps cette idée, j'essaierai d'indiquer ce en quoi je diffère de l'auteur. Il veut trois grandes places, contenant chacune vingt mille hommes, enfermant encore Paris dans un autre triangle, pour opérer des mouvements stratégiques sur les flancs ou les derrières de l'ennemi, et situées sur la Haute et Basse-Seine et la Marne, à cinq ou huit lieues de Paris.

Ce système a d'abord l'inconvénient grave de dégarnir Paris de soixante mille défenseurs. Est-il ensuite possible que les mouvements stratégiques aient un grand effet? Supposons que l'ennemi arrive par la rive droite de la Marne, il viendra se placer entre Paris et la place située sur cette rivière, et aura peu à craindre des vingt mille hommes qu'elle contiendra, ni même des quarante mille que l'on pourrait y réunir en appelant les troupes de la place située sur la Haute-Seine : car on doit supposer son armée de deux cent mille hommes pour le moins. Elle pourrait même détacher un corps de trente mille hommes entre Seine et Marne qui observerait les deux places, et une sortie ne pourrait être assez bien combinée pour lui faire craindre une attaque simultanée. On ne peut donc, ce me semble, compter sur un mouvement stratégique de quelque efficacité opéré par les garnisons de ces deux places. Quant à celle située sur la Basse-Seine, elle est tout à fait hors la ligne d'opérations probable d'une armée envahissante.

J'avais eu l'idée de ces places, d'abord pour gêner les approvisionnements de l'ennemi. Le premier soin d'un général menacé d'un siége doit être de faire enlever les vivres et

---

(1) *Spectateur militaire*, 8ᵉ vol., p. 346.

fourrages qui se trouvent dans un certain rayon. Or ce rayon doit nécessairement s'étendre avec les besoins et les dimensions de la place. On pourrait donc tâcher d'enlever les ressources que pourrait trouver l'ennemi à une distance de dix ou quinze lieues de Paris sur le segment menacé. L'ennemi ne convergera pas par des routes très éloignées; celles situées entre l'Oise et la Haute-Seine sont les seules probables. Ce serait donc le pays situé entre ces rivières qu'il faudrait faire évacuer en approvisionnant Paris et les autres places, ou en faisant passer les bestiaux sur les rives opposées.

L'armée ennemie, forte de deux à trois cent mille hommes, serait forcée de tirer ses vivres de loin, et sans doute par eau; mais ces places gêneraient beaucoup ses arrivages et ses convois, tant en arrêtant la navigation que par les partis qu'elles pourraient détacher.

Ces places pourraient encore servir pour des opérations stratégiques, si l'on jugeait convenable de diriger sur celles de l'Oise les renforts arrivant de Picardie ou de Normandie; et sur celles de la Seine ou de la Marne ceux qui viendraient des provinces du centre. Les troupes y trouveraient des têtes de ponts, des points d'appui en cas de revers, un matériel et des munitions de toute espèce. Mais, pour cela, il n'est pas nécessaire que ces places soient aussi grandes que le demande l'auteur; une garnison de cinq à six mille hommes devrait suffire à leur défense, et elles ne devraient pas être trop rapprochées de Paris, afin que l'armée ennemie ne puisse pas en même temps les observer et participer à une affaire contre l'armée parisienne.

Toute la stratégie, et même tout l'art de la guerre, consiste à se trouver un jour le plus fort sur un point. Pour résoudre ce problème, il faut donc se réserver la possibilité d'attaquer l'ennemi sur un plus grand nombre de points, afin de les menacer tous, de choisir le plus faible, et de pouvoir y opérer avec des forces d'une plus grande valeur relative. D'après le système du colonel Delaage, ces places, situées trop près de l'armée ennemie, ne peuvent attaquer que sa masse. Les corps français qui en seraient détachés n'auraient qu'une avance de peu d'heures pour opérer sur ses derrières; ils seraient bientôt poursuivis et atteints, ou du moins ne seraient pas libres de leurs mouvements, et il serait presque impossible, quoi qu'il dise, de réunir ceux des différentes places opérant si près de la masse ennemie.

En reculant ces places à douze ou quinze lieues, au contraire, l'ennemi, ayant son armée devant Paris, ne pourrait que difficilement les observer sur les deux rives. En faire le siége si près de l'armée parisienne serait dangereux. Si donc l'ennemi, étant devant Paris, observe une place sur une rive en laissant l'autre libre, ce qui est le plus probable, on peut en une nuit, avec les moyens qu'offre Paris, y transporter dix ou quinze mille hommes de troupes choisies; on peut en réunir davantage des provinces voisines, on peut avoir renforcé la garnison. Supposons que l'on en débouche avec trente ou quarante mille hommes, ils doivent pouvoir battre le corps ennemi séparé de son armée, et rester maîtres de diverger dans toutes les directions, de se porter sur les derrières de l'armée ennemie pour y enlever des postes, une position importante, ses parcs et ses magasins, ou pour y opérer une diversion à une attaque principale. Ce corps peut se réunir, à un point donné plus ou moins éloigné, avec ceux sortis des autres places. Il peut enfin, par un vaste mouvement, remonter la ligne d'opérations de l'ennemi, enlever tous ses dépôts, tous les moyens de transport qu'il aura organisés, et, prolongeant ce mouvement jusque sur la frontière, y détruire les corps qui bloqueraient ou assiégeraient nos places, en réunir les garnisons et former une armée de plus de 100,000 hommes; puis revenir occuper une position sur les derrières de l'ennemi, s'il ne s'était pas décidé à la retraite. Il lui resterait alors pour ressource de se retirer, poursuivi par une armée et coupé par une autre;

de se jeter à droite ou à gauche en passant une rivière en présence de deux armées et entre deux places fortes, opération difficile qui ne rétablirait pas ses communications; ou de tenter sur Paris une attaque désespérée, qui ne réussirait sans doute pas. »

Il n'est pas possible de s'occuper des travaux destinés à la défense de Paris sans signaler un incroyable oubli : je veux parler du chemin de fer de Paris à Orléans. Le directeur général des ponts et chaussées, lorsqu'il voulait exécuter les chemins de fer, nous avait dit, il y a plusieurs années, que son administration seule saurait prendre en considération les besoins stratégiques qui pouvaient être satisfaits par ces voies de communication. S'il est en France un chemin de fer véritablement stratégique, c'est, avant tout autre, celui qui joindra Paris à Lyon; mais il faut qu'il passe derrière la Loire, afin d'être à l'abri des attaques de l'ennemi et de mettre ces villes en communication avec le centre du pays, dont elles tireraient des ressources. Le chemin de fer de Paris à Orléans forme donc la tête de cette route stratégique; mais, pour qu'elle fût digne de ce nom, il fallait l'abriter autant que possible à sa sortie de Paris.

Si ce chemin s'embranche à Juvisy sur celui de Corbeil, conformément au projet actuel, l'ennemi arrivant de l'est l'aura bientôt occupé; s'il vient par la route de Fontainebleau, il tombera tout naturellement en sa possession; s'il vient par la route de Melun ou même de Meaux, il peut détacher un corps qui viendra s'en emparer ou le détruire. Si au contraire ce chemin s'était embranché sur ceux de Versailles, l'ennemi, arrivant par la route de Fontainebleau, aurait eu besoin de plusieurs jours de marche pour atteindre cette ville; il ne le pourrait même que par un mouvement très dangereux, car il aurait à enlever des positions faciles à défendre, et prêterait le flanc à Paris. S'il venait par les routes de Melun et de Meaux, le mouvement serait impraticable.

Il y a deux ans, j'ai déjà signalé dans un journal cette faute grossière ; mais ni le directeur des ponts et chaussées, ni les ministres des travaux publics et de la guerre qui se sont succédé, n'ont fait aucun effort pour obtenir un résultat qui peut être si important pour le pays, et nous allons avoir le ridicule spectacle de Paris fortifié à grands frais et allant tout d'abord offrir ses voies de communication à l'ennemi. Peut-être serait-il encore temps de changer le tracé au moyen d'une négociation avec la compagnie ; quelques millions employés à cet usage seraient de l'argent bien placé.

Je ne dirai qu'un mot quant aux effets de ces travaux sur la politique intérieure : c'est que plus les ouvrages qui seront exécutés inspireront de confiance, et plus, en cas de revers ou d'invasion, ils éloigneront l'idée d'un péril imminent, péril qui, en soulevant et exaspérant les passions populaires, pourrait amener de ces commotions si funestes pour le pays dans un moment où il n'aurait pas trop de toutes ses forces pour combattre l'étranger.

IMPRIMERIE DE GUIRAUDET ET JOUAUST,

RUE SAINT-HONORÉ, 315.